Impressum
Verlag: BABADADA GmbH, Nedderfeld 112 , 22529 Hamburg
Geschäftsführer / Verlagsleitung: Harald Hof
Druck: Books on Demand GmbH, In de Tarpen 42, 22848 Norderstedt

Imprint
Publisher: BABADADA GmbH, Nedderfeld 112 , 22529 Hamburg, Germany
Managing Director / Publishing direction: Harald Hof
Print: Books on Demand GmbH, In de Tarpen 42, 22848 Norderstedt, Germany

Šola

ምህር ቤ

Razred
መማሪያ ክፍል
Deljenje
ማካፈል
186/2
Tabla
ሰሌዳ
Šolsko dvorišče
የትምህርት ቤት ቅጥር ግቢ
Učitelj
መምህር
Papir
ወረቀት
Pisati
መፃፍ
Pisalo
እስክሪብቶ
Pisalna miza
መማሪያ ጠረጴዛ
Ravnilo
ማስመሪያ
Knjiga
መጽሐፍ
Učenec
ተማሪ

Šolska torba

የጀርባ ቦርሳ

Peresnica

የእርሳስ መያዣ

Svinčnik

እርሳስ

Šilček

የእርሳስ መቅረጫ

Radirka

ላጲስ

Risalni blok

የስዕል ደብተር

2

Šola - ትምህርት ቤት

Risba

ስዕል

Čopič

የቀለም ብሩሽ

Vodene barvice

የቀለም ሳጥን

Škarje

መቀስ

Lepilo

ማጣበቂያ

Zvezek

መልመጃ ደብተር

Domača naloga

የቤት ስራ

Število

ቁጥር

Seštevanje

መደመር

Odštevanje

መቀነስ

Množenje

ማባዛት

Računanje

ቁጥሮችን ማስላት

Črka

ደብዳቤ

Abeceda

ፊደላት

Beseda

ቃል

Besedilo

ፅሑፍ

Brati

ማንበብ

Kreda

ጠመኔ

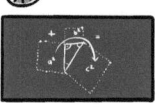

Učna ura

ትምህርት

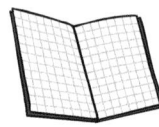

Redovalnica

ምዝገባ

Preizkus znanja

ፈተና

Spričevalo

ሰርተፊኬት

Šolska uniforma

የትምህርት ቤት የደንብ ልብስ

Izobrazba

ትምህርት

Enciklopedija

አዉደ ጥበብ

Univerza

ዩኒቨርስቲ

Mikroskop

የምርምር አጉሊ መሳርያ

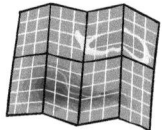

Zemljevid

ካርታ

Koš za smeti

የቆሻሻ ወረቀት መጣያ ቅርጫት

Hotel
ሆቴል
Hostel
ማረፊያ ቤት
ROOMS
Menjalnica
የውጭ ገንዘብ ምንዛሪ ቢሮ
Kovček
ልብስ መያዣ ሻንጣ
Avtomobil
መኪና

Jezik

ን

da / ne

ዎ/ ይደለም

Prav

ሺ

Pozdravljeni

ሰላም

Prevajalec

ስተርጓሚ

Hvala

መሰግናለሁ

Koliko stane…?

ስንት ነዉ.......?

Ne razumem

አልገባኝም

Težava

እክል

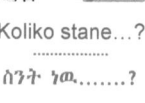

Dober večer!

እንደምን አመሹ!

Dobro jutro!

እንደምን አደሩ!

Lahko noč!

መልካም ምሽት!

Nasvidenje

ደህና ይሰንብቱ

Smer

አቅጣጫ

Prtljaga

ሻንጣ

Torba

ቦርሳ

Nahrbtnik

የጀርባ ቦርሳ

Gost

እንግዳ

Soba

ክፍል

Spalna vreča

የመተኛ ቦርሳ

Šotor

ድንኳን

Turistične informacije

የጎብኚዎች መረጃ

Plaža

የባህር ዳርቻ

Kreditna kartica

ክሬዲት ካርድ

Zajtrk

ቁርስ

Kosilo

ምሳ

Večerja

እራት

Vozovnica

ቲኬት

Dvigalo

አሳንሰር

Znamka

ማህተም

Meja

ድንበር

Carina

ባህሎች

Veleposlaništvo

ኤምባሲ

Vizum

ቪዛ/የይለፍ ወረቀት

Potni list

ፓስፖርት

Prevoz

መጓጓዣ

Letalo
አዉሮፕላን
Ladja
መርከብ
Gasilsko vozilo
የእሳት አደጋ መኪና
Avtobus
አዉቶብስ
Tovornjak
የጭነት መኪና
Motorni čoln
የሞተር ጀልባ
Kolo
ብስክሌት
Avtomobil
መኪና

Trajekt

የማመላለሻ ጀልባ

Čoln

ጀልባ

Motorno kolo

የሞተር ብስክሌት

Policijski avto

የፖሊስ መኪና

Dirkalni avto

የዉድድር መኪና

Najeto vozilo

የኪራይ መኪና

Souporaba avtomobila

የመኪና መጋራት

Avtovleka

ጎታች መኪና

Smetarsko vozilo

የቆሻሻ ጭነት መኪና

Motor

ሞተር

Gorivo

ነዳጅ

Bencinska postaja

የ ንዚን ማደያ

Prometni znak

የመን ድ ምልክት

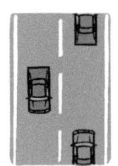

Promet

የመኪኖች እንቅስቃሴ

Zastoj

የመኪና መ ናንቅ

Parkirišče

የመኪና ማቆሚያ

Železniška postaja

የባቡር ጣቢያ

Tirnice

የባቡር ዲዶች

Vlak

ባቡር

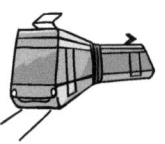

Tramvaj

የኤሌክትሪክ ባቡር

Vagon

ሰረ ላ

Helikopter

ሄሊኮፕተር

Letališče

አየር ማረፊያ

Stolp

ማማ

Potnik

መንገደኛ

Kontejner

ማስቀመጫ፤ ማጠራቀሚያ

Karton

ካርቶን እቃ ማሸጊያ

Voziček

ጋሪ፤ ተሳቢ

Košara

ቅርጫት

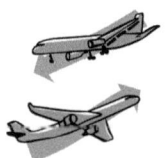

vzleteti / pristati

መነሳት/ ማረፍ

Mesto

ከተማ

Vas

መንደር

Mestno jedro

የከተማ ማዕከል

Hiša

ቤት

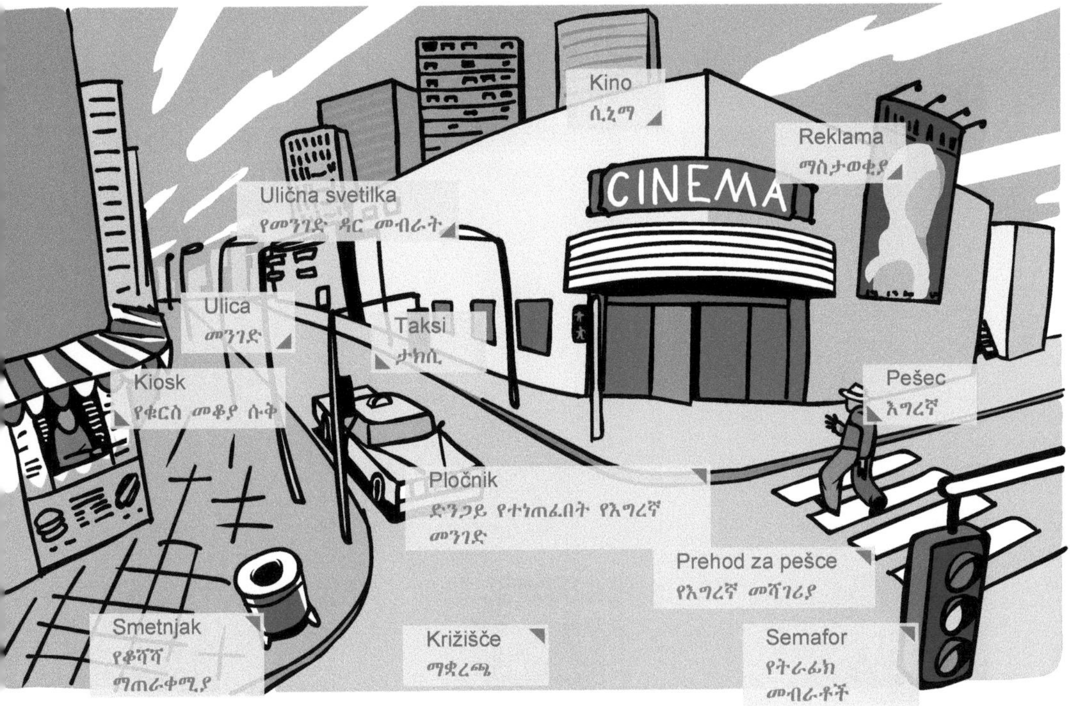

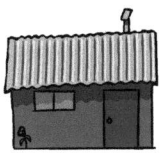

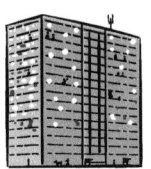

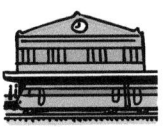

Kino
ሲኒማ
Reklama
ማስታወቂያ
CINEMA
Ulična svetilka
የመንገድ ዳር መብራት
Ulica
መንገድ
Taksi
ታክሲ
Kiosk
የቁርስ መቆያ ሱቅ
Pešec
እግረኛ
Pločnik
ድንጋይ የተነጠፈበት የእግረኛ መንገድ
Prehod za pešce
የእግረኛ መሻገሪያ
Smetnjak
የቆሻሻ ማጠራቀሚያ
Križišče
ማቋረጫ
Semafor
የትራፊክ መብራቶች

Koča

ጎጆ

Stanovanje

አፓርታማ

Železniška postaja

የባቡር ጣቢያ

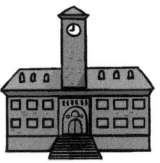

Mestna hiša

የከተማ አዳራሽ

MUSEUM

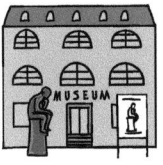

Muzej

ቤተ መዘክር

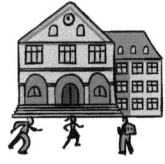

Šola

ትምህርት ቤት

Univerza

ዩኒቨርስቲ

Banka

ባንክ

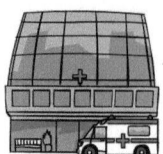

Bolnišnica

ሆስፒታል

Hotel

ሆቴል

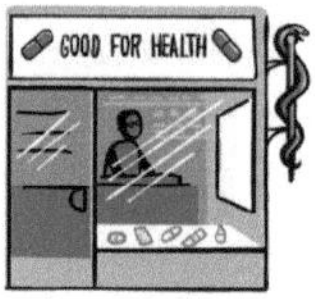

Lekarna

መድሐኒት ቤት

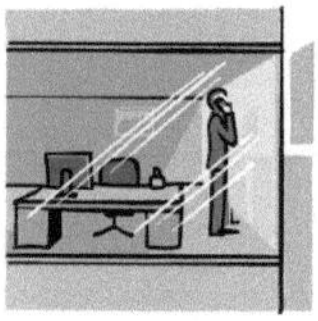

Pisarna

ቢሮ

Knjigarna

መፅሐፍ መሸጫ

Trgovina

ሱቅ

Cvetličarna

የአበባ መሸጫ

Supermarket

የሸቀጣ ሸቀጥ መደብር

Tržnica

ገበያ ስፍራ

Veleblagovnica

መደብር

Ribarnica

የዓሳ ነጋዴ

Nakupovalno središče

የገበያ ማዕከል

Pristanišče

ወደብ

Park

መናፈሻ ቦታ

Klop

አግዳሚ ወንበር

Most

ድልድይ

Stopnice

ደረጃዎች

Podzemna železnica

ዉስጥ ለዉስጥ

Predor

ዋሻ

Avtobusno postajališče

የአዉቶቡስ ፌርማታ

Bar

ባር

Restavracija

ምግብ ቤት

Poštni nabiralnik

የፖስታ ሳጥን

Ulična tabla

የመንገድ ምልክት

Parkirna ura

የመኪና ማቆሚያ ሒሳብ የሚያሰላ ማሽን

Živalski vrt

የደር እንስሳት ማቆያ

Kopališče

የመዋኛ ገንዳ

Mošeja

መስጊድ

Kmetija

እርሻ

Onesnaževanje

የሚበክል ነገር

Pokopališče

መቃብር ስፍራ

Cerkev

ቤተ ክርስቲያን

Otroško igrišče

መጫወቻ ሜዳ

Tempelj

ቤተ መቅደስ

Pokrajina

መልከዓምድር

List
ቅጠል
Kažipot
የመንገድ ላይ ምልክት
Pot
መንገድ
Travnik
አረንጓዴ መስክ
Kamen
ድንጋይ
Pohodnik
በእግሩ የሚጓዝ
Drevo
ዛፍ
Reka
ወንዝ
Trava
ሳር
Cvetlica
አበባ

Dolina

ሸለቆ

Hrib

ኮረብታ

Jezero

ሀይቅ

Gozd

ጫካ

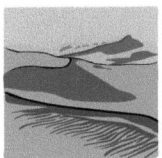

Puščava

በረሃ

Vulkan

እሳተ ገሞራ

Grad

ግምብ

Mavrica

ቀስተ ዳመና

Goba

እንጉዳይ

Palma

የቴምብር ዛፍ/ ዘንባባ

Komar

ቢንቢ/ የወባ ትንኝ

Muha

በራሪ

Mravlja

ጉንዳን

Čebela

ንብ

Pajek

ሸረሪት

Hrošč

ጢንዚዛ

Žaba

እንቁራሪት

Veverica

ሽኮኮ

Jež

ጃርት

Zajec

ጥንቸል

Sova

ጉጉት ወፍ

Ptič

ወፍ

Labod

የዉሃ ዳክዩ

Divji prašič

ከርከሮ

Jelen

አጋዘን

Los

አጋዘን

Jez

ግድብ

Vetrnica

በነፋስ የሚሽከረከር

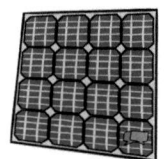

Solarna plošča

የፀሀይ ፓኔሎ

Podnebje

አየር ንብረት

Natakar
ስተናጋጅ

Jedilnik
ዉዉ

Stol
ወንበር

Juha
ሰባ

Pica
ዛ

Prt
የጠረጴዛ ጨርቅ

Pribor
ክተሪያ

Predjed
የምግብ ፍላጎትን የሚከፍት ምግብ

Glavna jed
ዋና ምግብ

Sladica
ጣጣሚያ ተከታይ ምግብ

Pijače
ጠጦች

Hrana
ምግብ

Steklenica
ጠርሙስ

Hitra hrana

ፈጣን ምግብ

Ulična hrana

የመንገድ ምግብ

Čajnik

የሻይ ማንቆርቆሪያ

Sladkornica

የስኳር እቃ

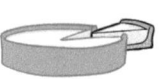

Porcija

ድርሻ

Aparat za espresso

የቡና ማፊያ ማሽን

Stolček za hranjenje

ባለጌ ወንበር

Račun

የክፍያ ደረሰኝ

Pladenj

ትሪ

Nož

ቢላዋ

Vilica

ሹካ

Žlica

ማንኪያ

Čajna žlička

የሻይ ማንኪያ

Servieta

ልብስ ምግብ እንዳይነካ የሚረዳ ጨርቅ

Kozarec

ብርጭቆ

Krožnik

ዝርግ ሰሀን

Globoki krožnik

የሾርባ ጎድጓዳ ሰሀን

Krožniček

የስኒ ማስቀመጫ

Omaka

ማጣፈጫ ስጎ

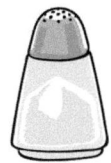

Solnica

የጨዉ እቃ

Mlinček za poper

የተፈጨ ቃሪያ

Kis

ኮምጣጤ

Olje

የምግብ ዘይት

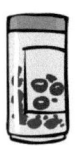

Začimbe

ቀመማ ቅመሞች

Kečap

የቲማቲም ድልህ

Gorčica

ሰናፍጭ

Majoneza

ማዮኒዝ

Supermarket

የሸቀጣ ሸቀጥ መደብር

Posebna ponudba
ልዩ አቅራቦት
FOR
Stranka
ደምበኛ
Mlečni izdelki
የወተት ተዋፅዖ
Sadje
ፍራፍሬ
Nakupovalni voziček
ባለ ጎማ የእጅ ጋሪ

Mesnica

ሉካንዳ ነጋዴ

Pekarna

መጋገርያ

Tehtati

ክብደት መመዘን

Zelenjava

ቅጠላ ቅጠል አትክልት

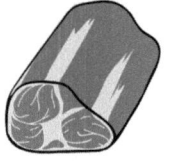

Meso

ስጋ

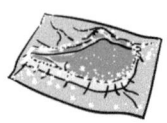

Zamrznjena hrana

የቀዘቀዘ/የረጋ ምግብ

Hladne mesnine

ቀዝቃዛ ቁራጭ

Konzerve

የታሸገ ምግብ

Pralni prašek

የማጠቢያ ዱቄት

Sladkarije

ጣፋጮች

Gospodinjski izdelki

የቤት ዉስጥ ዉጤቶች

Čistilno sredstvo

የፅዳት ምርቶች

Prodajalka

የሽያጭ ባለሙያ

Blagajna

የገንዘብ መመዝቢያ ማሽን

Blagajnik

የሒሳብ ሰራተኛ

Nakupovalni seznam

የግዢ ዝርዝር

Delovni čas

ክፍት ሰዓታት

Denarnica

የኪስ ቦርሳ

Kreditna kartica

ክሬዲት ካርድ

Torba

ቦርሳ

Plastična vrečka

የፕላስቲክ ቦርሳ

Pijače

መጠጦች

Voda

ዉሃ

Sok

ጭማቂ

Mleko

ወተት

Kola

ኮካ-ኮላ

Vino

ወይን

Pivo

ቢራ

Alkohol

አልኮል

Kakav

ኮካ

Čaj

ሻይ

Kava

ቡና

Espresso

የተፈላ ቡና

Kapučino

ካፑቺኖ

Hrana

ምግብ

Banana

ሙዝ

Jabolko

ፖም

Pomaranča

ብርቱካን

Lubenica

ሀብሀብ

Limona

ሎሚ

Korenje

ካሮት

Česen

ነጭ ሽንኩርት

Bambus

ሸምበቆ

Čebula

ቀይ ሽንኩርት

Goba

እንጉዳይ

Oreščki

ለዉዝ

Rezanci

የህፃናት ምግብ

Špageti

ፓስታ

Riž

ሩዝ

Solata

ሰላጣ

Ocvrt krompirček

የድንች ጥብስ

Pečen krompir

ድንች ጥብስ

Pica

ፒዛ

Hamburger

ዳቦ ዉስጥ በስሱ ተጠብሶ የገባ
ስጋ

Sendvič

ሳንድዊች

Zrezek

ጥሬ ስጋ

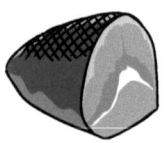

Šunka

የአሳማ ስጋ

Salama

በቅመምና በጨዉ የታሸ ምግብ
ቀዝቅዞ የሚበላ ሾርባ ምግብ

Klobasa

ቋሊማ

Piščanec

ዶሮ

Pečenka

ጥብስ

Riba

አሳ

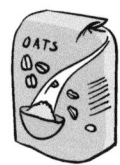

Ovseni kosmiči

የአጃ ገንፎ

Musli

ከወተት ጋር ተደባልቀዉ የሚበሉ ምግቦች

Koruzni kosmiči

የበቆሎ ቅርፊት

Moka

ዱቄት

Rogljiček

ኩራሳ

Žemlja

ድብልብል ዳቦ

Kruh

ዳቦ

Prepečenec

መጥበስ

Piškoti

ብስኩት

Maslo

ቅቤ

Skuta

እርጎ

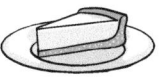

Torta

ኬክ

Jajce

እንቁላል

Pečeno jajce na oko

እንቁላል ጥብስ

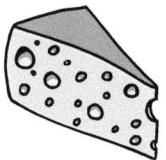

Sir

አይብ

Sladoled

የበረዶ ክሬም

Sladkor

ስኳር

Med

ማር

Marmelada

ማርማላት

Čokoladni namaz

የተናጠ የወተት ክሬም

Kari

ማጣፈጫ

እርሻ

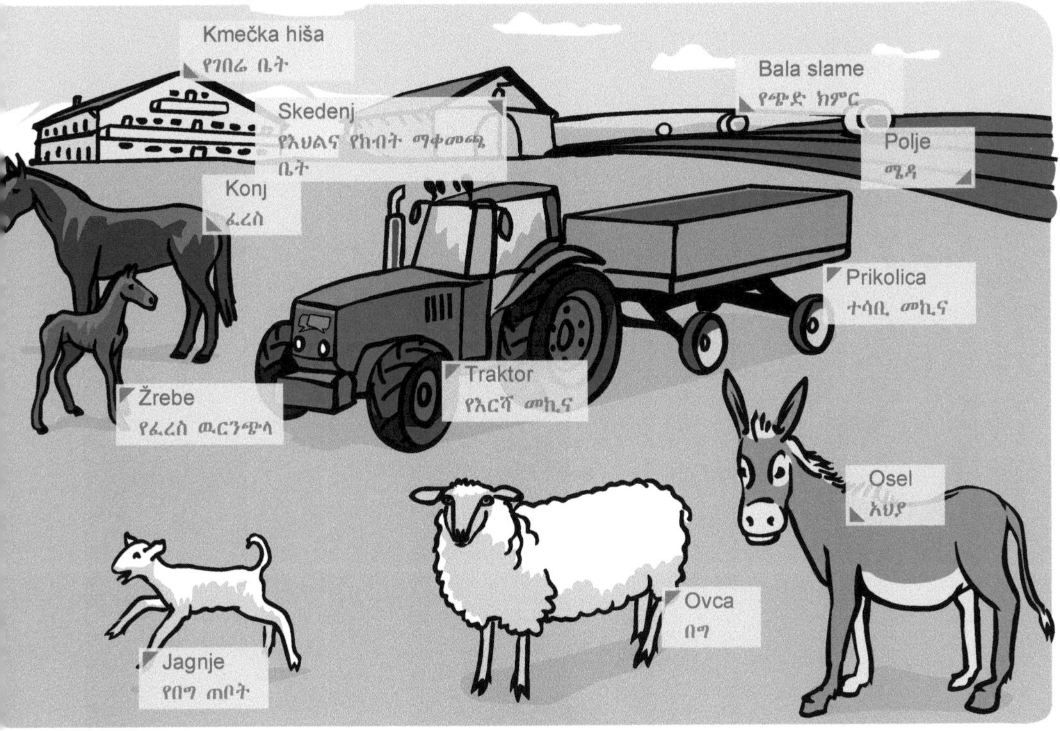

Kmečka hiša
የገበሬ ቤት
Skedenj
የእህልና የከብት ማቀመጫ ቤት
Bala slame
የጭድ ክምር
Polje
ሜዳ
Konj
ፈረስ
Prikolica
ተሳቢ መኪና
Traktor
የእርሻ መኪና
Žrebe
የፈረስ ዉርንጭላ
Osel
አህያ
Ovca
በግ
Jagnje
የበግ ጠቦት

Koza

ፍየል

Krava

ላም

Tele

ጥጃ

Prašič

አሳማ

Pujsek

ግልገል አሳማ

Bik

ኮርማ

Gos

ዝይ

Raca

ዳክዬ

Piščanec

የዶሮ ጫጩት

Kokoš

ዶር

Petelin

አዉራ ዶሮ

Podgana

አይጥ

Mačka

ደድመት

Miš

አይጥ

Vol

በሬ

Pes

ዉሻ

Pasja uta

የዉሻ ቤት

Cev za zalivanje

የአትክልት ቦታ

Kangla za zalivanje

ዉሃ ማጠጫ ባልዲ

Kosa

ረጅም ማጭድ

Plug

ማረሻ

Srp

ማጭድ

Motika

መኮትኮቻ

Vile

የእህል መንሽ

Sekira

መጥረቢያ

Samokolnica

ኩርኩር/ የእጅ ጋሪ

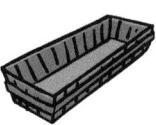

Korito

ገንዳ

Kangla za mleko

የወተት ዕቃ

Vreča

ጆንያ ከረጢት

Ograja

አጥር

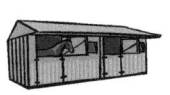

Hlev

የፈረስ ጋጣ

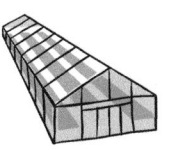

Rastlinjak

ዕፅዋት ማሳደጊያ የመስታዉት ቤት

Prst

አፈር

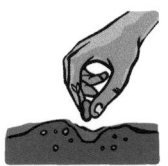

Seme

ዘር

Gnojilo

የመሬት ማዳበሪያ

Kombajn

ጥምር ማረሻ

Žeti

አዝመራ መሰብሰብ

Žetev

አዝመራ

Jam

ድንች

Pšenica

ስንዴ

Soja

ሶያ

Krompir

ድንች

Koruza

በቆሎ

Oljna ogrščica

የከብት መኖ

Sadno drevo

የፍሬ ዛፍ

Maniok

የካሳቫ ዛፍ

Žito

እህል

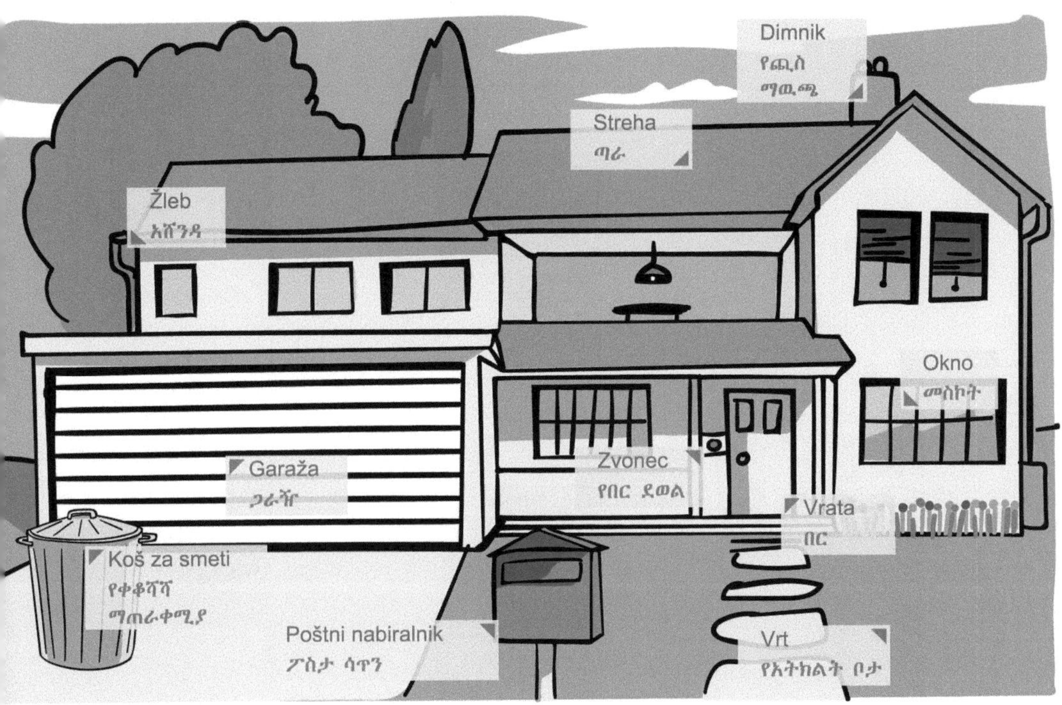

Dimnik
የጪስ ማዉጫ
Streha
ጣራ
Žleb
አሸንዳ
Okno
መስኮት
Garaža
ጋራዥ
Zvonec
የበር ደወል
Vrata
በር
Koš za smeti
የቀቆሻሻ ማጠራቀሚያ
Poštni nabiralnik
ፖስታ ሳጥን
Vrt
የአትክልት ቦታ

Dnevna soba

ሳሎን

Kopalnica

መታጠቢያ ቤት

Kuhinja

ማድቤት

Spalnica

መኝታ ቤት

Otroška soba

የልጅ ክፍል

Jedilnica

መመገቢያ ክፍል

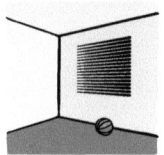

Tla

ወለል

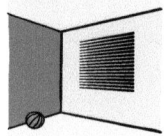

Stena

ግድግዳ

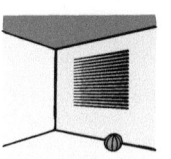

Strop

ጣሪያ

Klet

ምድር ቤት

Savna

በእንፋሎት ሙቀት መታጠቢያ ቤት

Balkon

ሰገነት

Terasa

ከፍ ያለ መደብ

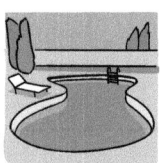

Bazen

የመዋኛ ገንዳ

Kosilnica

የማጨጃ መኪና

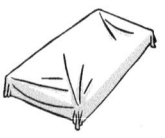

Rjuha

አንሶላ

Posteljno pregrinjalo

የአልጋ ልብስ

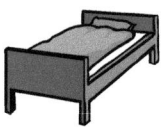

Postelja

አልጋ

Metla

መጥረጊያ

Vedro

ባልዲ

Stikalo

ማብሪያና ማጥፊያ

Dnevna soba

ሳሎን

Tapeta
የግድግዳ ወረቀት
Slika
ፎቶ
Svetilka
መብራት
Polica
መደርደሪያ
Omara
ቁም ሳጥን፤ ካቢኔ
Televizor
Kamin
የ ሳት መሞቂያ
Cvetlica
አበባ
Blazina
ትራስ
Zofa
ሶፋ
Vaza
የአበባ ማስቀመጫ
Daljinski upravljalnik
ሪሞት ኮንትሮል

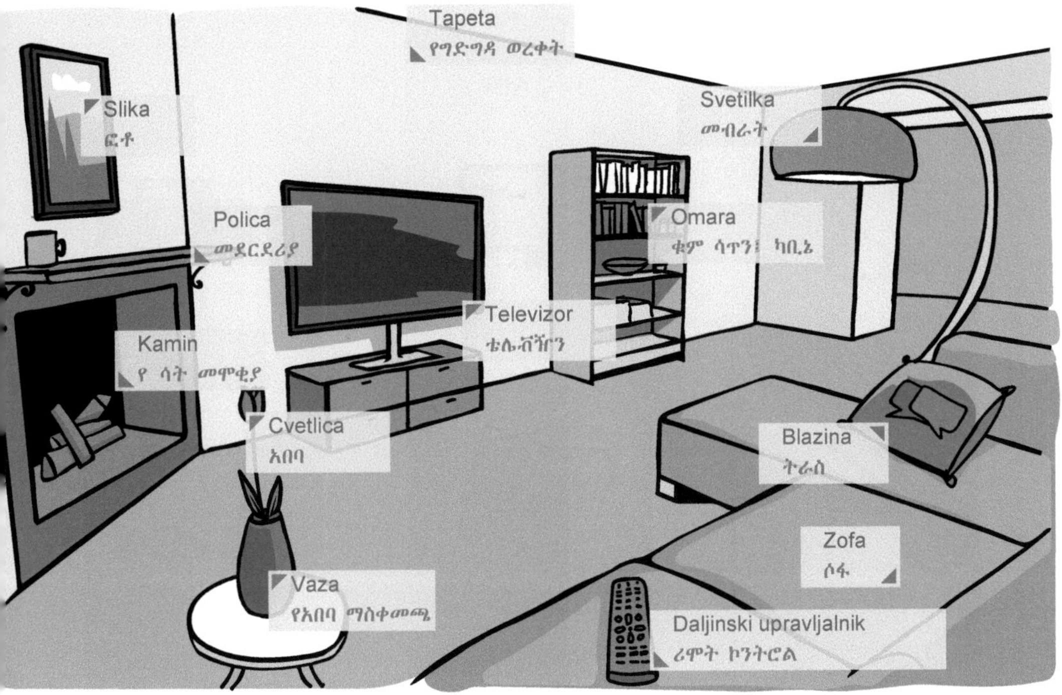

Preproga

ንጣፍ

Zavesa

መጋረጃ

Miza

ጠረጴዛ

Stol

ወንበር

Gugalnik

ተወዛዋዥ ወንበር

Naslanjač

ባለመደገፊያ ወንበር

Knjiga

መጽሐፍ

Odeja

ብርድ ልብስ

Dekoracija

ጌጥ

Drva

ማገዶ

Film

ፊልም

Glasbeni stolp

የሙዚቃ መማጫወቻ

Ključ

ቁልፍ

Časopis

ጋዜጣ

Slika

ስዕል

Plakat

የተለጠፈ ማስታወቂያ እንደ ስዕል

Radio

ራዲዮ

Beležka

ማስታወሻ ደብተር

Sesalnik

የአየር ማፅጃ ለምንጣፍ

Kaktus

ቁልቋል

Sveča

ሻማ

Kuhinja
ማድቤት

Hladilnik
ማቀዝቀዣ
Mikrovalovna pečica
ማይክሮዌቭ ምግብ ማብሰያ
Kuhinjska tehtnica
የኩሽና መመዘኛ ሚዛን
Opekač
ዳቦ መጥበሻ
Detergent
ንፁህ ማድረጊያ
Pečica
ምድጃ
Zamrzovalnik
ማቀዝቀዣ
Koš za smeti
የቆሻሻ
ማጠራቀሚያ
Pomivalni stroj
እቃ ማጠቢያ

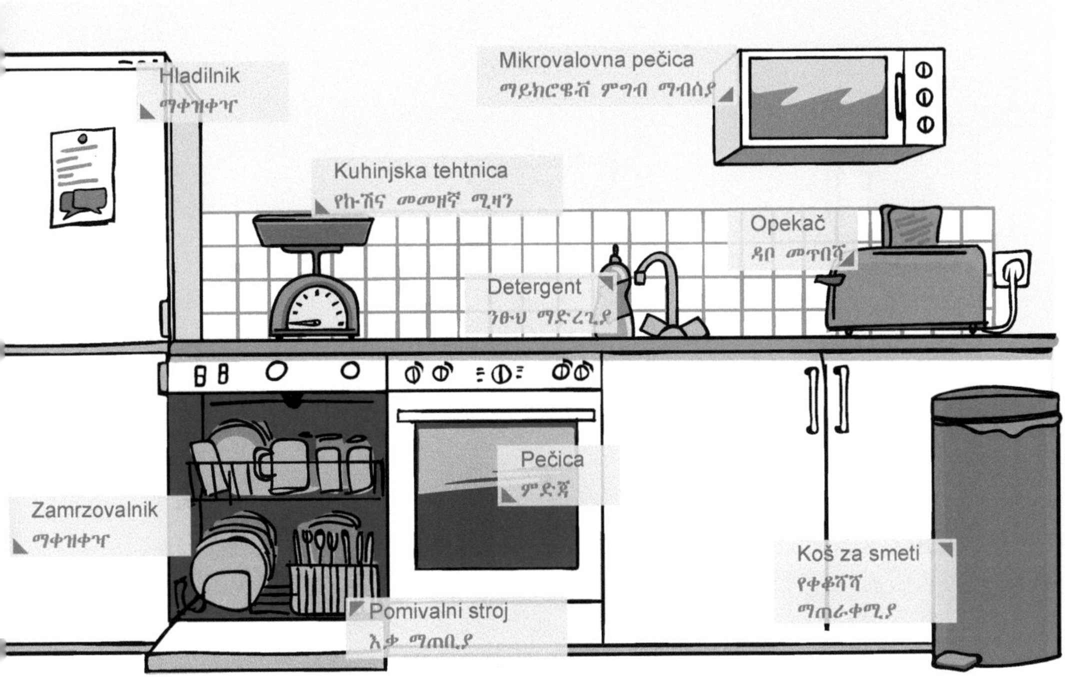

Kozica

ምግብ አብሳይ

Lonec

ማሰሮ

Litoželezni lonec

የብረት ማሰሮ

Vok / kadai

ምግብ ማብሰያ ዝርግ ድስት

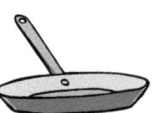

Ponev

የምግብ መጥበሻ

Kotliček

ማንቆርቆሪያ

Parni kuhalnik

የእንፋሎት ማብሰያ

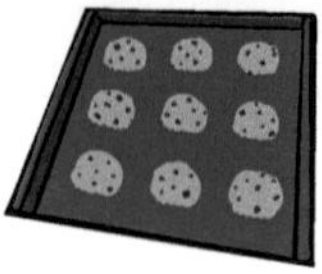

Pekač

የመጋገሪያ ትሪ

Posoda

ሰብስቦች

Skodelica

ትልቅ ኩባያ

Skleda

ጎድጓዳ ሳህን

Jedilne paličice

ቾፕስቲክስ

Zajemalka

ጭልፋ

Lopatica

መሰቅሰቂያ ዝርግ ማንኪያ

Metlica

ማደባለቂያ

Cedilnik

መወጠሪያ

Cedilo

ወንፊት

Strgalo

መፈርፈሪያ መሳሪያ

Možnar

ሲሚንቶ

Žar

የፍም ጥብስ

Ognjišče

የተለቀቀ እሳት

Deska za rezanje

መክተፊያ

Valjar

ተንሸራታች መርፌ

Odpirač za steklenice

የጠርሙስ መክፈቻ

Pločevinka

ጣሳ

Odpirač za konzerve

የጣሳ መክፈቻ

Prijemalka za posodo

የማሰሮ መሸፈኛ

Korito

ሳህን ማጠቢያ

Ščetka

ብሩሽ

Goba

ስፖንጅ

Mešalnik

መደባለቂያ መሳሪያ

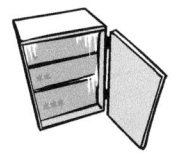

Zamrzovalna skrinja

በጣም ማቀዝቀዣ

Steklenička

ጡጦ

Pipa

ቧንቧ

Kopalnica

መታጠቢያ ቤት

Brisača
ፎጣ
Peneča kopel
የአረፋ መታጠቢያ
Kopalna kad
የመታጠቢያ ገንዳ
Pralni stroj
የልብስ ማጠቢያ
Kahlica
ፖፖ
Ploščice
ማዕዘን ወለል
መታጠቢያ
Zavesa za prho
የመታጠቢያ ቤት መጋረጃ
Kozarec
ብርጭቆ
Pipa
Korito
ሳህን ማጠቢያ

Stranišče

ሽንት ቤት

Stranišče na počep

የሽንት ቤት መቀመጫ

Bide

ሳፋ

Pisoar

የመንገድ ዳር መሽኛ

Toaletni papir

የሽንት ቤት ወረቀት

Ščetka za straniščno školjko

የሽንት ቤት ማፅጃ ብሩሽ

38 Kopalnica - መታጠቢያ ቤት

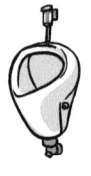

Zobna ščetka

የጥርስ ብሩሽ

Zobna pasta

የጥርስ ሳሙና

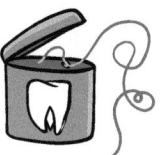

Zobna nitka

የጥርስ ማፅጃ ክር

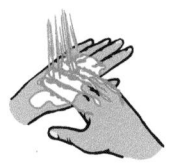

Umiti se

መታጠብ

Ročna prha

የእጅ መታጠቢያ

Prha za intimne dele

መታጠቢያ

Umivalnik

ጎድጓዳ ሳህን

Krtača za hrbet

የጀርባ ብሩሽ

Milo

ሳሙና

Gel za prhanje

የመታጠቢያ የሚዝለገለግ ሳሙና

Šampon

የፀጉር መታጠቢያ ሳሙና

Krpica za miljenje

ለስላሳ ጨርቅ

Odtok

ፍሳሽ

Krema

ክሬም

Deodorant

ጠረን መቀየሪያ ንጥረ ነገር

Ogledalo

መስታወት

Ročno ogledalo

የእጅ መስታወት

Britvica

ምላጭ

Pena za britje

የመላጫ አረፋ

Vodica po britju

ከመላጨት በኋላ የሚቀባ ሽቱ

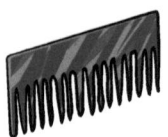

Glavnik

ማበጠሪያ

Ščetka

ብሩሽ

Sušilnik za lase

የፀጉር ማድረቂያ

Lak za lase

በፀጉር ላይ የሚነፋ

Ličila

የፊት መቀባቢያ

Šminka

የከንፈር ቀለም

Lak za nohte

የጥፍር ቀለም

Vatirane blazinice

የጥጥ ሱፍ

Škarjice za nohte

ጥፍር መቁረጫ

Parfum

ሽቶ

Toaletna torbica

....

ማጠቢያ ባልዲ

Stol brez naslonjala

....

መቀመጫ

Osebna tehtnica

....

ሚዛን

Kopalni plašč

....

የመታጠቢያ ልብስ

Gumijaste rokavice

....

የላስቲክ ጓንት

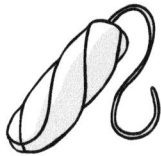

Tampon

....

ሞዴስ

Damski vložki

....

የፅዳት ፎጣ

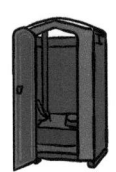

Kemično stranišče

....

የሽንት ቤት ኬሚካል

Otroška soba

የልጅ ክፍል

Budilka
የማንቂያ ደወል ሰዐት
Plišasta igrača
የህፃን አሻንጉሊት
Avtomobilček
የመጫወቻ መኪና
Ropotuljica
ማንገጫገጫ መጫወቻ
Hiška za punčke
የአሻንጉሊት ቤት
Darilo
ስጦታ

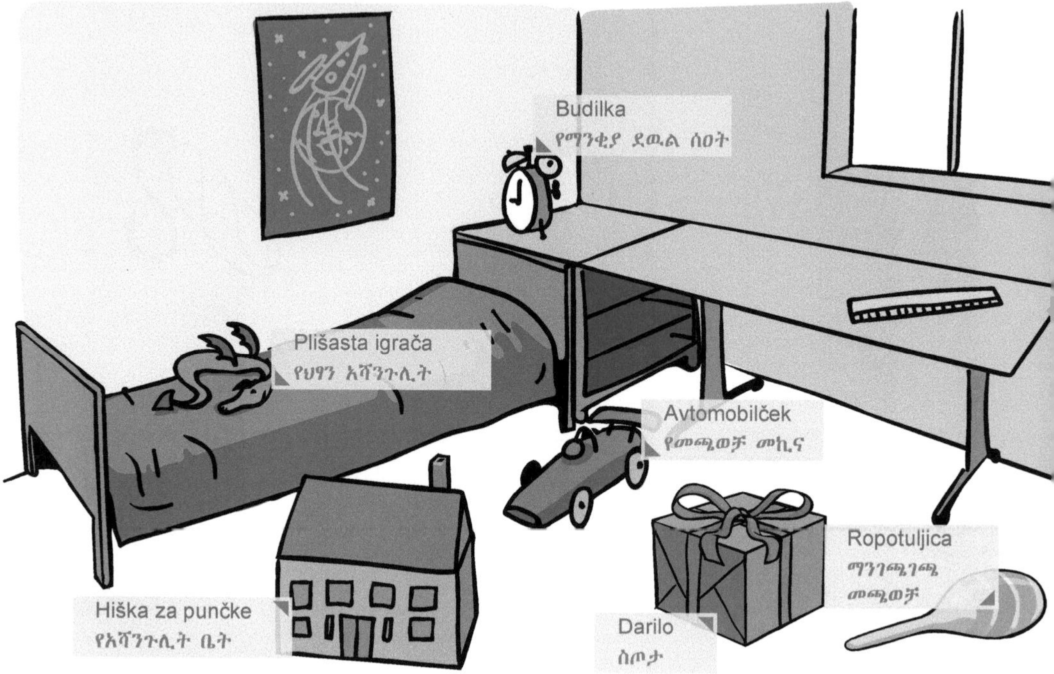

Balon

ፊኛ

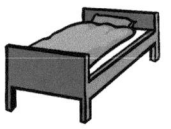

Postelja

አልጋ

Otroški voziček

የህፃን ማንሸራሸሪያ ጋሪ

Igralne karte

የካርታ መጫወቻ

Sestavljanka

ቁርጥራጭ ምስሎችን የማገጣጠም እና ምስል የማግኘት ጨዋታ

Strip

አዝናኝ

Lego kocke

ተገጣጣሚ መጫወቻ

Igralne kocke

የመጫወቻ መገጣጠሚያዎች

Akcijska figura

የድርጊት ምስል

Bodi

የህፃን እድገት

Frizbi

የፕላስቲክ መጫወቻ ዝርግ ሰሀን

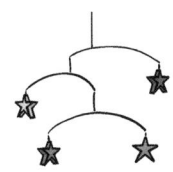

Vrtiljak za posteljico

ተወዛዋዥ የህፃን ማጫወቻ

Namizna igra

የሰሌዳ ጨዋታ

Kocka

የመጫወቻ ጠጠር

Komplet modelov vlakov

የመጫወቻ ባቡር

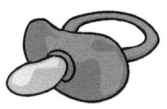

Duda

የእንጀራ እናት ጡጦ

Zabava

ድግስ

Slikanica

የስዕል መፅሀፍ

Žoga

ኳስ

Lutka

አሻንጉሊት

Igrati se

መጫወት

Peskovnik

የአሸዋ መጫወቻ

Gugalnica

ዥዋዥዌ

Igrače

መጫወቻዎች

Igralna konzola

የቪዲዮ መጫወቻ

Tricikel

ባለ ሶስት ጎማ ብስክሌት

Plišasti medvedek

የአሻንጉሊት ድብ

Garderoba

ቁምሳጥን

Oblačilo

አልባሳት

Nogavice

ካልሲዎች

Samostoječe nogavice

ስቶኪንጎች

Hlačne nogavice

ታይት

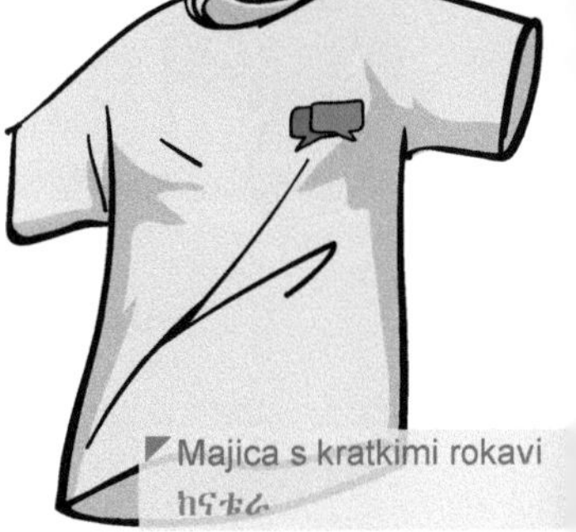

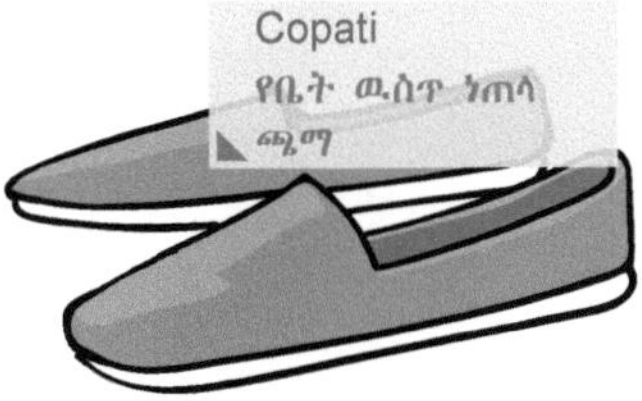

Šal
የአንገት ልብስ

Dežnik
ጥንጥላ

Pas
ቀበቶ

Majica s kratkimi rokavi
ከናቴራ

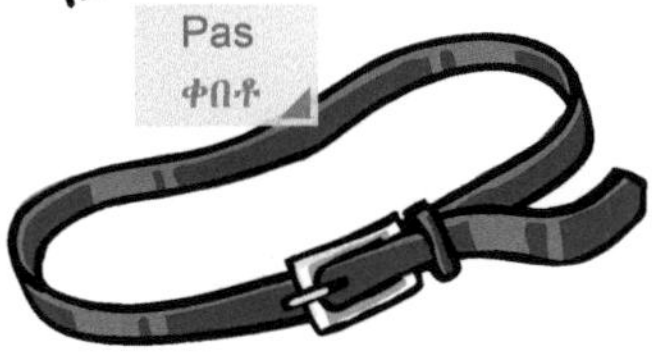

Škornji
ቦቲ

Copati
የቤት ዉስጥ ነጠላ
ጫማ

Športni copati
ስኒከሮች

Sandali

ነጠላ ጫማዎች

Čevlji

ጫማዎች

Gumijasti škornji

የዝናብ ቡትስ

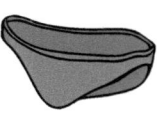

Spodnje hlače

ሙታንታ

Modrček

ጡት መያዣ

Telovnik

ሰደርያ

Bodi

ሰዉነት

Hlače

ሱሪዎች

Kavbojke

ጅንስ

Krilo

ጉርድ ቀሚስ

Bluza

ሸሚዝ

Srajca

ሸሚዝ

Pulover

የሚጠለቅ ሹራብ

Pletena jopica

ሹራብ

Jopa

ዩኒፎርም ጃኬት

Jakna

ጃኬት

Plašč

ኮት

Dežni plašč

የዝናብ ኮት

Kostim

ልብስ

Obleka

ቀሚስ

Poročna obleka

የሙሽራ ቀሚስ

Obleka

ሱፍ

Spalna srajca

የለሊት ልብስ

Pižama

የለሊት ልብስ

Sari

ረጅም ቀሚስ

Naglavna ruta

ሂጃብ

Turban

ጥምጣም

Burka

ቡርቃ

Kaftan

ሽርጥ

Abaja

አባያ

Kopalke

የዋና ልብስ

Kopalne hlače

አጭር ቁምጣ

Kratke hlače

ቁምጣዎች

Trenirka

የስራ ቱታ

Predpasnik

ሽርጥ

Rokavice

ጓንት

Gumb

ቁልፍ

Očala

መነፅር

Zapestnica

አምባር

Verižica

የአንገት ሀብል

Prstan

ቀለበት

Uhan

የጆሮ ጌጥ

Kapa

ኮፍያ

Obešalnik

የኮት መስቀያ

Klobuk

ኮፍያ

Kravata

ከረቫት

Zadrga

ዚፕ

Čelada

የብረት ቆብ

Naramnice

መደገፊያ

Šolska uniforma

የትምህርት ቤት የደንብ ልብስ

Uniforma

የደንብ ልብስ

Slinček

መሃረብ

Duda

የእንጀራ እናት ጡጦ

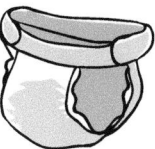

Plenica

ሽንት ጨርቅ

Pisarna

ቢሮ

Strežnik
ማሰራጫ ጣቢያ
Kartotečna omara
የፋይል መደርደሪያ ካቢኔ
Tiskalnik
የህትመት መሳሪያ
Papir
ወረቀት
Monitor
መቆጣጠሪያ
Miška
ማዉዝ
Pisalna miza
መፃፊያ ጠረጴዛ
Mapa
ማህደር
Tipkovnica
የመፃፊ ቁልፎች
Koš za smeti
የቆሻሻ ወረቀት መጣያ ቅርጫት
Računalnik
ኮምፒዉተር
Stol
ወንበር

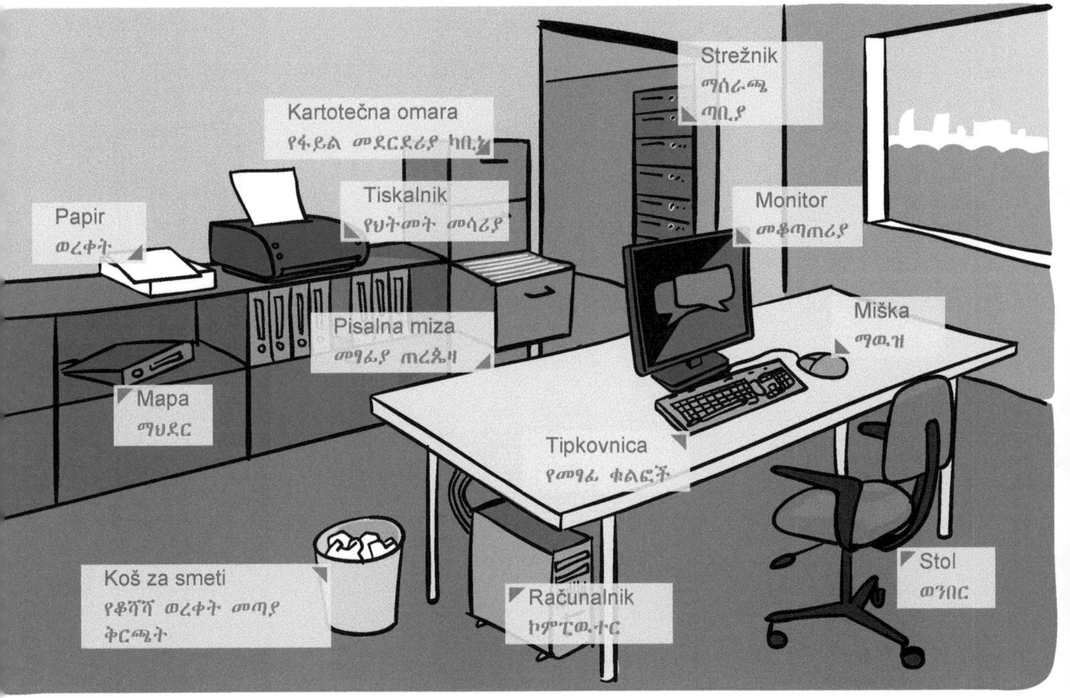

Lonček za kavo

የቡና መጠጫ ትልቅ ኩባያ

Kalkulator

ማስልያ ማሽን

Internet

ኢንተርኔት

Prenosnik

ላፕቶፕ

Pismo

ደብዳቤ

Sporočilo

ልዕክት

Mobilnik

ንቀሳቃሽ ስልክ

Omrežje

የግንኙነት አዉታር

Kopirni stroj

ማባዣ ማሽን

Programska oprema

ሶፍትዌር

Telefon

ስልክ

Vtičnica

የግድግዳ ሶኬት

Telefaks

የፋክስ ማሽን

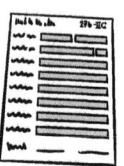

Obrazec

ቅፅ

Dokument

ሰነድ

Kupiti

መግዛት

Plačati

መክፈል

Trgovati

መነገድ

Denar

ገንዘብ

Dolar

ዶላር

Evro

ዩሮ

Jen

የን

Rubelj

ሩብል

Švičarski frank

የስዊዝ ፍራንክ

Kitajski juan renminbi

ሬንሚንቢ ዩዋን

Rupija

ሩጲ

Bankomat

የገንዘብ ነጥብ

Menjalnica

የዉጭ ገንዘብ ምንዛሪ ቢሮ

Zlato

ወርቅ

Srebro

ብር

Nafta

ዘይት

Energija

ሀይል፤ ጉልበት

Cena

ዋጋ

Pogodba

ግንኙነት

Davek

ቀረጥ

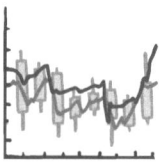

Delnice

አክስዮን

Delati

መስራት

Delojemalec

ተቀጣሪ

Delodajalec

ቀጣሪ

Tovarna

ፋብሪካ

Trgovina

ሱቅ

Policist
የፖሊስ አዛዥ
Gasilec
የእሳት አደጋ ሰራተኛ
Kuhar
ምግብ አብሳይ
Zdravnik
ዶክተር
Pilot
አብራሪ

Vrtnar

....

አትክልተኛ

Mizar

....

አናጢ

Šivilja

....

ልብስ ሰፊ ሴት

Sodnik

....

ዳኛ

Kemik

....

ቀማሚ

Igralec

....

ተዋናይ

Voznik avtobusa

የአዉቶቢስ ሹፌር

Taksist

የታክሲ ሹፌር

Ribič

አሳ አጥማጅ

Čistilka

ፅዳት ሰራተኛ

Krovec

የጣራ ሰራተኛ

Natakar

አስተናጋጅ

Lovec

አዳኝ

Pleskar

ሰዓሊ

Pek

ጋጋሪ

Električar

የኤሌትሪክ ሰራተኛ

Gradbenik

ገምቢ

Inženir

መሃንዲስ

Mesar

ልኳንዳ

Vodovodni inštalater

የቧንቧ ሰራተኛ

Poštar

የፖስታ ሰራተኛ

Vojak

ወታደር

Arhitekt

መሃንዲስ

Blagajnik

የሒሳብ ሰራተኛ

Cvetličar

አበባ ሻጭ

Frizer

የፀጉር ሰራተኛ

Sprevodnik

ቲኬት ቆራጭ

Mehanik

መካኒክ

Kapitan

ካፒቴን

Zobozdravnik

የጥርስ ሐኪም

Znanstvenik

ተመራማሪ

Rabin

መምህር

Imam

የሙስሊም ሃይማኖታዊ መሪ

Menih

መነኩሴ

Duhovnik

ካህን

Poklici - የስራ ሙያዎች   55

Orodje

ሳሪያዎች

Kladivo
መዶሻ
Klešče
ተቆላፊ ጉጠት
Izvijač
መፍቻ
Žepna svetilka
ባትሪ
Vijačni ključ
የመሳሪ መፍቻ

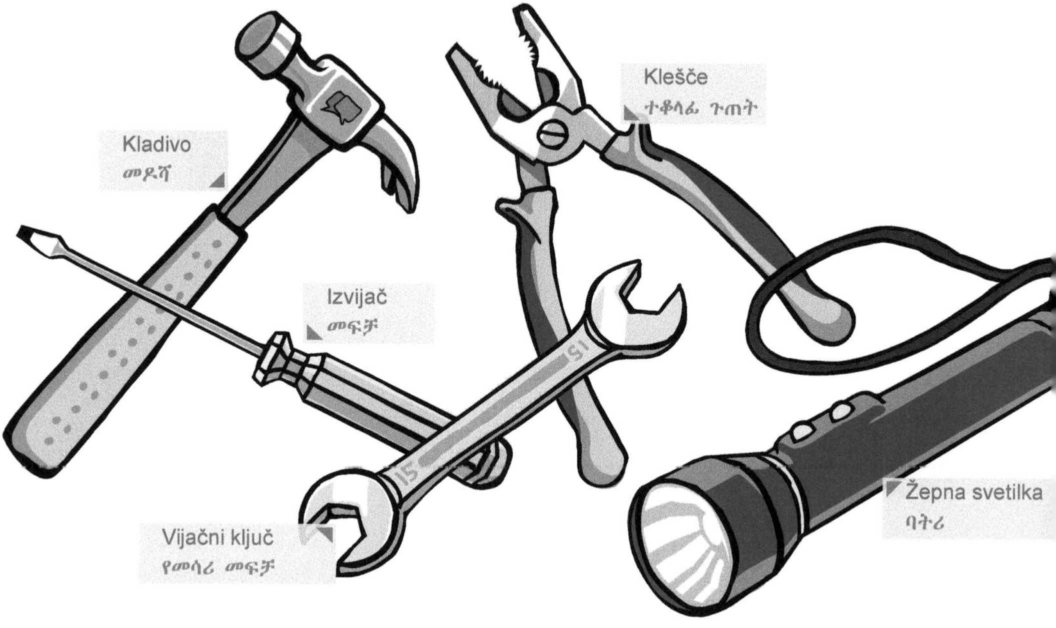

Bager

በቁፋሮ የሚዝቅ

Zaboj z orodjem

የመፍቻ ሳጥን

Lestev

መሰላል

Žaga

መጋዝ

Žeblji

ምስማር

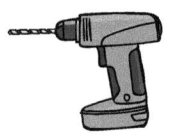

Vrtalnik

መሰርሰሪያ

Popraviti

መጠገን

Lopata

አካፋ

Šment!

የተረገመ!

Smetišnica

ቆሻሻ ማፈሻ

Posoda z barvo

የቀለም ቆርቆሮ

Vijaki

ብሎን

Glasbeni instrument

የሙዚቃ መሳሪያዎች

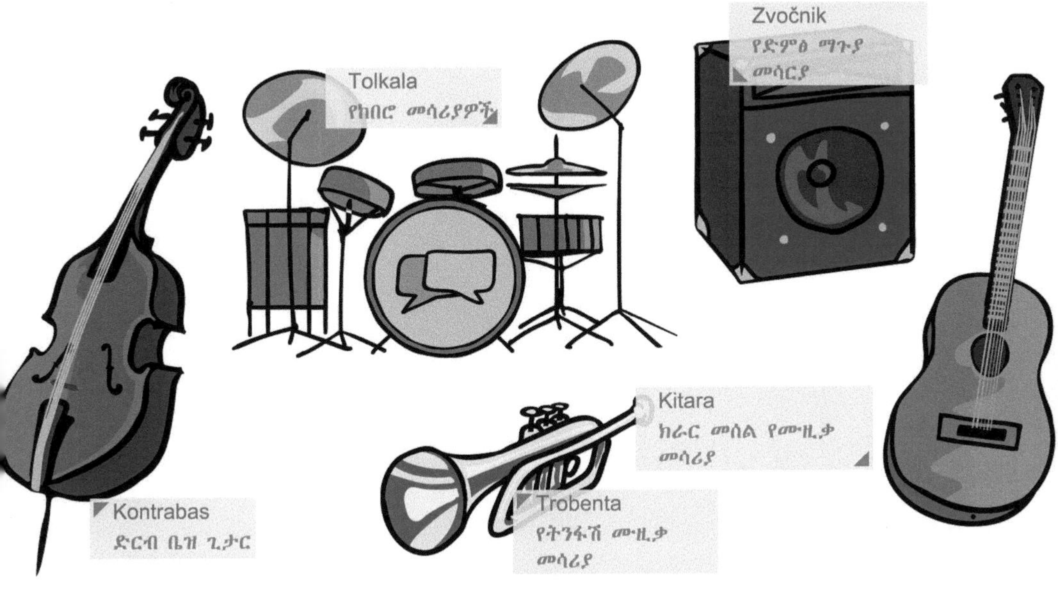

Zvočnik
የድምፅ ማጉያ መሳርያ
Tolkala
የከበሮ መሳሪያዎች
Kitara
ክራር መሰል የሙዚቃ መሳሪያ
Kontrabas
ድርብ ቤዝ ጊታር
Trobenta
የትንፋሽ ሙዚቃ መሳሪያ

Klavir

....

ፒያኖ

Violina

....

ቫዮሊን

Bas kitara

....

ወፍራም፤ጎርናና ድምፅ ያለዉ ክራር መሰል ሙዚቃ መሳሪያ

Pavke

....

ነጋሪት

Bobni

....

ከበሮ

Sintetizator

....

በኤሌክትሪክ የሚሰራ ፒያኖ

Saksofon

....

የትንፋሽ ሙዚቃ መሳሪያ

Flavta

....

ዋሽንት

Mikrofon

....

የድምፅ ማጉያ

Živalski vrt

የደር እንስሳት ማቆያ

Vhod
መግቢያ
Tiger
ነብር
Kletka
ሳጥን
Zebra
የሜዳ አህያ
Krma za živali
የእንስሳ ምግብ
Panda
ትልቅ ድብ

Živali

እንስሳቶች

Slon

ዝሆን

Kenguru

ካንጋሮ

Nosorog

አዉራሪስ

Gorila

ትልቅ ዝንጀሮ

Medved

ድብ

Kamela

ግመል

Noj

ሰጎን

Lev

አንበሳ

Opica

ጦጣ

Plamenec

ቅልጥመ ረዥም ወፍ

Papagaj

በቀቀን

Severni medved

የወዋልታ ድብ

Pingvin

የዋልታ ወፎች

Morski pes

ረጅም ጥርሶች ያሉትአሳ ነባሪ

Pav

ጣዎስ

Kača

እባብ

Krokodil

አዞ

Oskrbnik v živalskem vrtu

የዱር አራዊት የሚጠበቁበት ማቆያን የሚጠብቅ

Tjulenj

አሳ በሊታ የባህር እንስሳ

Jaguar

የዱር ድመት

Poni

ድንክ ፈረስ

Leopard

ነብር

Povodni konj

ጉማሬ

Žirafa

ቀጭኔ

Orel

ንስር

Divji prašič

ከርከሮ

Riba

አሳ

Želva

የባህር ኤሊ

Mrož

የባህር አውሬ

Lisica

ቀበሮ

Gazela

የሜዳ ፍየል፤ ሚዳቋ

Šport

ስፖርት አይነቶች

Ameriški nogomet
የአሜሪካ እግርኳስ
Kolesarjenje
የብስክሌት ስፖርት
Tenis
ቴኒስ
Košarka
የቅርጫት ኳስ
Plavanje
ዋና
Boks
የቡጢ ስፖርት
Hokej
የበረዶ ላይ የገና ጨዋታ

Nogomet

እግር ኳስ

Badminton

የላበ ኳስ ጨዋታ

Atletika

አትሌቲክስ

Rokomet

የእጅ ኳስ ስፖርት

Smučanje

የበረዶ መንሸራተት ስፖርት

Polo

ፈረስ ግልቢያ

Skočiti
መዝለል
Objeti
ማቀፍ
Smejati se
መሳቅ
Peti
መዘመር
Hoditi
መራመድ
Sanjati
ህልም ማለም
Moliti
መፀለይ
Poljubiti
መሳም

Pisati

መፃፍ

Risati

መሳል

Pokazati

ማሳየት

Potisniti

መግፋት

Dati

መስጠት

Vzeti

መዉሰድ

Imeti

መያዝ

Narediti

ማድረግ

Biti

መሆን

Stati

መቆም

Teči

መሮጥ

Vleči

መሳብ

Vreči

መወርወር

Pasti

መዉደቅ

Ležati

መዋሸት

Čakati

መጠበቅ

Nositi

መሸከም

Sedeti

መቀመጥ

Obleči se

መልበስ

Spati

መተኛት

Zbuditi se

መንቃት

Gledati

መመልከት

Jokati

ማለልቀስ

Božati

መጫር

Česati se

ማበጠር

Govoriti

ማዉራት

Razumeti

መረዳት

Vprašati

ጥያቄ

Poslušati

ማዳመጥ

Piti

መጠጣት

Jesti

መብላት

Pospraviti

ማንፃት

Ljubiti

ማፍቀር

Kuhati

ምግብ ማብሰል

Voziti

መንዳት

Leteti

መብረር

Jadrati

መርከብ መንዳት

Računanje

ቁጥሮችን ማስላት

Brati

ማንበብ

Učiti se

መማር

Delati

መስራት

Poročiti se

ማግባት

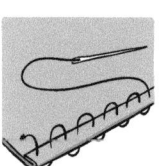

Šivati

መስፋት

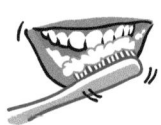

Ščetkati si zobe

ጥርስ መቦረሽ

Ubiti

መግደል

Kaditi

ማጨስ

Poslati

መላክ

Družina
ቤተሰብ

Stara mati
የሴት አያት
Stari oče
የወንድ አያት
Oče
አባት
Mati
እናት
Dojenček
ህፃን
Hči
ሴት ልጅ
Sin
ወንድ ልጅ

Gost

እንግዳ

Teta

አክስት

Stric

አጎት

Brat

ወንድም

Sestra

እህት

Telo

ካል

Čelo
ግንባር
Oko
አይን
Obraz
ፊት
Brada
አገጭ
Prst
ጣት
Dlan
እጅ
Prsi
ጡት
Roka
ክንድ
Rama
ትከሻ
Noga
እግር

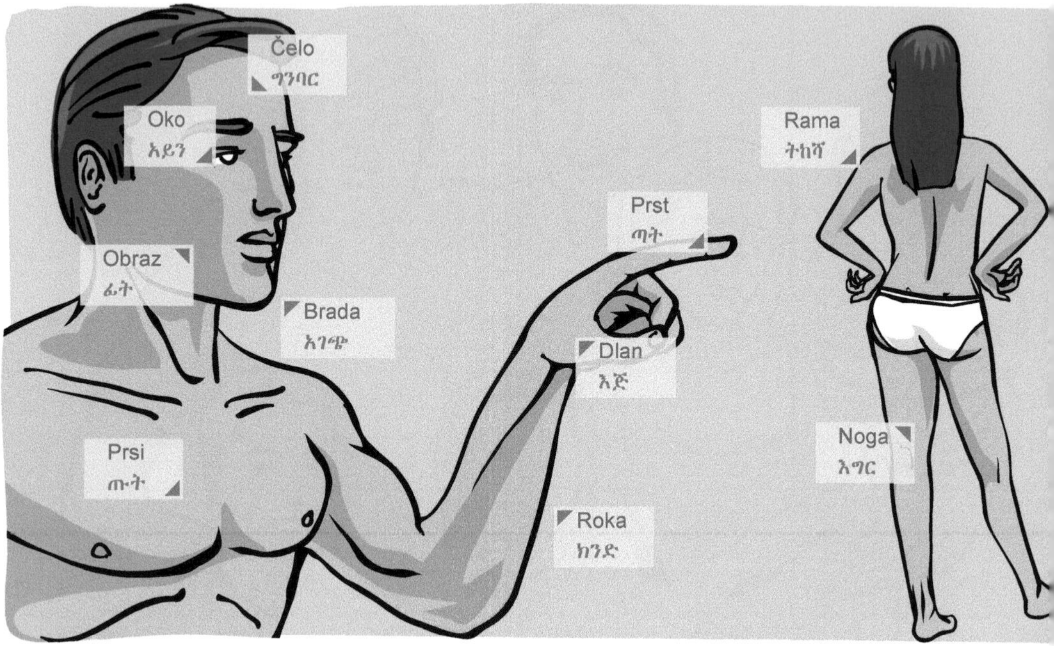

Dojenček

ህፃን

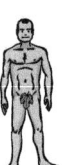

Človek

ሰዉ

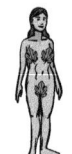

Ženska

ሴት

Dekle

ልጃገረድ

Fant

ወንድ ልጅ

Glava

ራስ

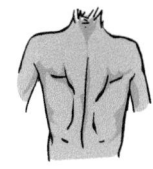

Hrbet

ጀርባ

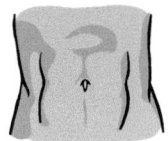

Trebuh

ሆድ

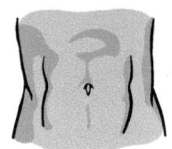

Popek

እምብርት

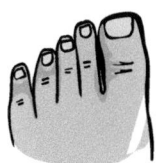

Prst na nogi

የእግር ጣት

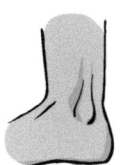

Peta

ተረከዝ

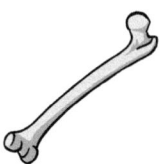

Kost

አጥንት

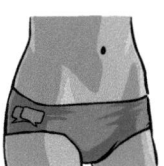

Kolk

ዳሌ

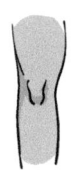

Koleno

ጉልበት

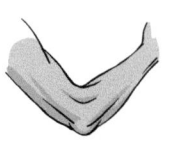

Komolec

ክርን

Nos

አፍንጫ

Zadnjica

ቂጥ

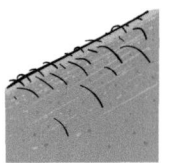

Koža

ቆዳ

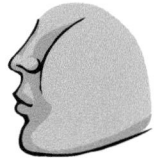

Lice

ጉንጭ

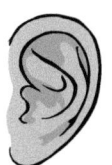

Uho

ጆሮ

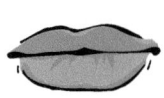

Ustnica

ከንፈር

Usta

አፍ

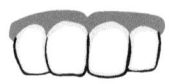

Zob

ጥርስ

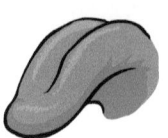

Jezik

ምላስ

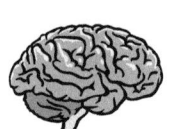

Možgani

አንጎል

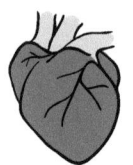

Srce

ልብ

Mišica

ጡንቻ

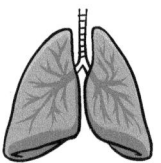

Pljuča

ሳምባ

Jetra

ጉበት

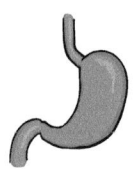

Želodec

ሆድ

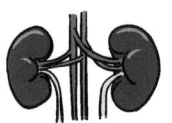

Ledvice

ኩላሊቶች

Spolni odnos

የግብረስጋ ግንኙነት

Kondom

ኮንዶም

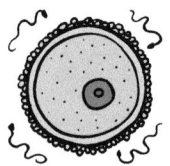

Jajčece

የሴት እንቁላል

Semenska tekočina

የዘር ፈሳሽ

Nosečnost

እርግዝና

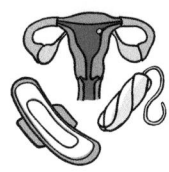

Menstruacija

የወር አበባ

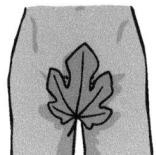

Vagina

እምስ

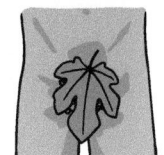

Penis

ቁላ

Obrv

ቅንድብ

Lasje

ፀጉር

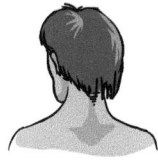

Vrat

አንገት

Bolnišnica

ሆስፒታል

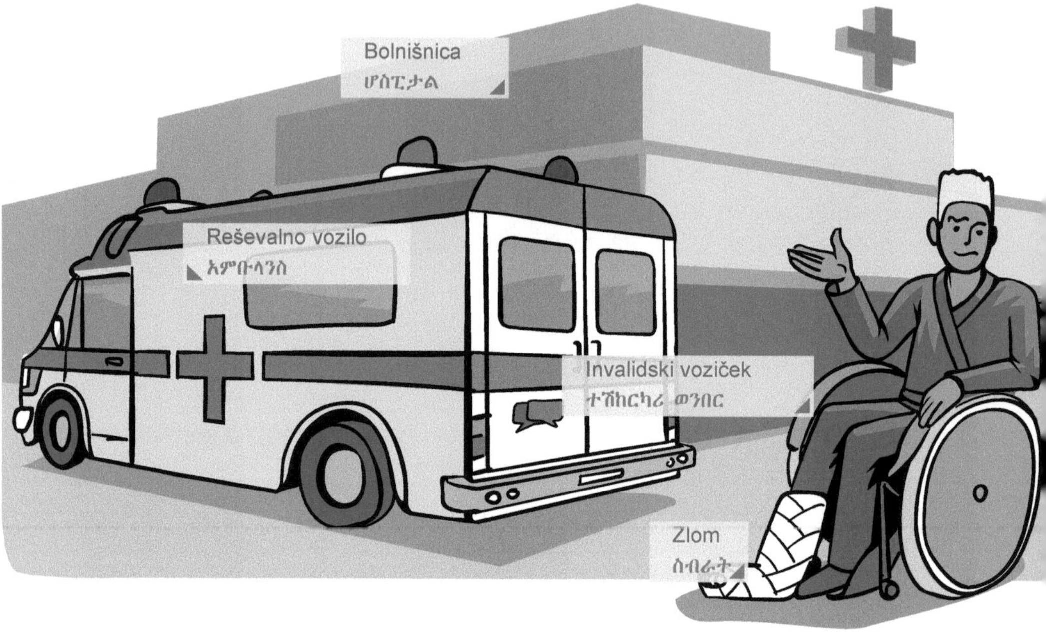

Bolnišnica
ሆስፒታል
Reševalno vozilo
አምቡላንስ
Invalidski voziček
ተሽከርካሪ ወንበር
Zlom
ስብራት

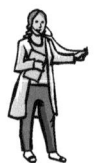

Zdravnik

ዶክተር

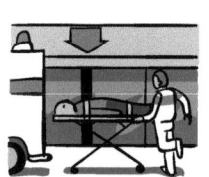

Urgenca

ድንገተኛ ክፍል

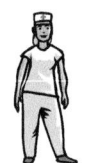

Medicinska sestra

ነርስ

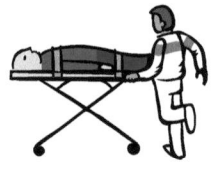

Nujni primer

ድንገተኛ

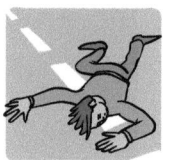

Nezavesten

ራስን መሳት/ አለማወቅ

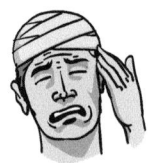

Bolečina

ህመም

Poškodba

ጉዳት

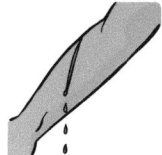

Krvavenje

መድማት

Srčni infarkt

የልብ ድካም

Kap

ስትሮክ

Alergija

አለርጂ

Kašelj

ሳል

Vročina

ትኩሳት

Gripa

ኢንፍሎዌንዛ

Driska

ተቅማጥ

Glavobol

የራስ ምታት

Rak

ካንሰር

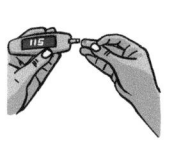

Sladkorna bolezen

የስኳር በሽታ

Kirurg

ቀዶ ጠጋኝ ሐኪም

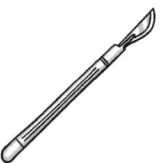

Skalpel

የቀዶ ጥገና ስለት

Operacija

ቀዶ ጥገና

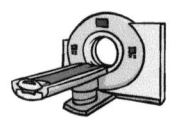

CT

ሲ.ቲ

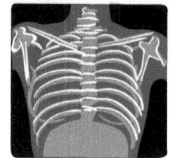

Rentgen

ኤክስሬዮ

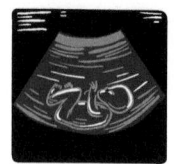

Ultrazvok

አልትራሳዉንድ

Obrazna maska

የፊት ጭምብል

Bolezen

በሽታ

Čakalnica

መጠበቂያ ክፍል

Bergla

ምርኩዝ

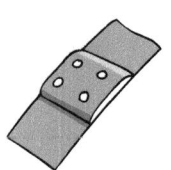

Obliž

የቁስል ማሸጊያ

Preveza

ፋሻ

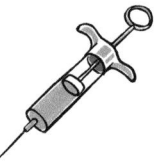

Injekcija

መርፌ

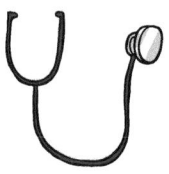

Stetoskop

የልብ ምት ማዳመጫ መሳሪያ

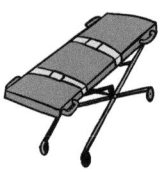

Nosila

የበሽተኛ አልጋ

Klinični termometer

የህክምና ሙቀት መለኪያ መሳሪያ

Porod

መውለድ

Prekomerna teža

ከልክ ያለፈ ክብደት

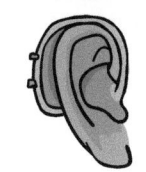

Slušni pripomoček

ለመስማት የሚረዳ መሳሪያ

Razkužilo

ፀረ ተባይ መድሀኒት

Okužba

ማመርቀዝ

Virus

ቫይረስ

HIV / AIDS

ኤች አይቪ ኤድስ

Medicina

ህክምና

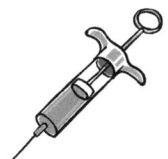

Cepljenje

ክትባት

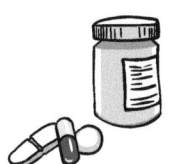

Tablete

ኪኒን

Tableta

ኪኒን

Klic v sili

አስቸኳይ የስልክ ጥሪ

Merilnik krvnega tlaka

ደም ግፊት መቆጣጠሪያ

bolano / zdravo

ህመም/ ጤንነት

Nujni primer
ድንገተኛ

Na pomoč!

እርዳታ!

Alarm

ማንቂያ ደዉል

Napad

ጥቃት

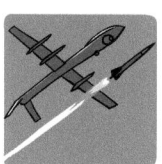

Napad

ድብደባ

Nevarnost

አደጋ

Izhod v sili

የድንገተኛ መዉጫ

Gori!

እሳት!

Gasilni aparat

እሳት ማጥፊያ

Nezgoda

አደጋ

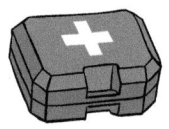

Komplet za prvo pomoč

የመጀመሪያ እርዳታ መድሃኒት መያዣ

SOS

ነፍስ አድን

Policija

ፖሊስ

Zemlja

ምድር

Evropa

አዉሮፓ

Severna Amerika

ሰሜን አሜሪካ

Južna Amerika

ደቡብ አሜሪካ

Afrika

አፍሪካ

Azija

እስያ

Avstralija

አዉስትራሊያ

Atlantski ocean

አትላንቲክ

Tihi ocean

ፓስፊክ

Indijski ocean

የህንድ ዉቅያኖስ

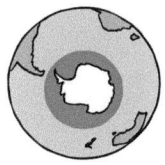

Južni ocean

አንታርክቲክ ዉቅያኖስ

Arktični ocean

አርክቲክ ዉቅያኖስ

Severni tečaj

ሰሜን ዋልታ

Južni tečaj

ደቡብ ዋልታ

Antarktika

አንታርክቲካ

Zemlja

ምድር

Kopno

መሬት

Morje

ባህር

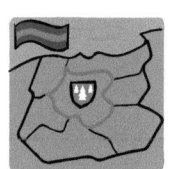

Otok

ደሴት

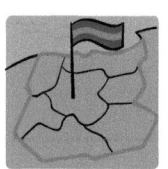

Narod

አገርና ህዝብ

Država

መንግስት

Številčnica

የሰዓት ገፅታ

Urni kazalec

ሰዓት

Minutni kazalec

ደቂቃ

Sekundni kazalec

ሴኮንድ

Koliko je ura?

ስንት ሰዓት ነው?

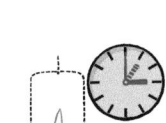

Dan

ቀን

Čas

ጊዜ

Zdaj

አሁን

Digitalna ura

የቁጥር ሰዐት

Minuta

ደቂቃ

Ura

ሰዓታት

Teden

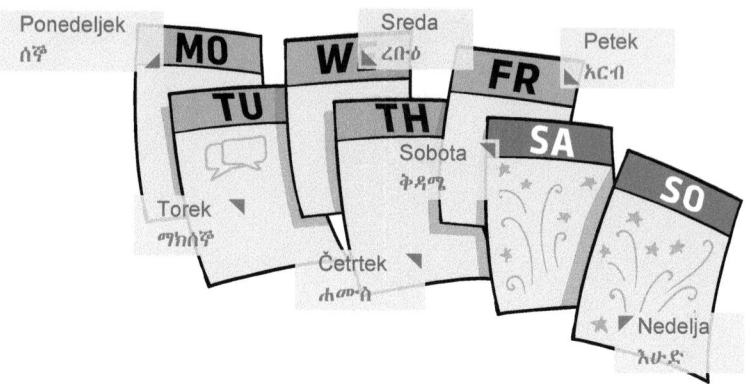

ሳምንት

Ponedeljek
ሰኞ
Sreda
ረቡዕ
Petek
SO
Torek
ማክሰኞ
Četrtek
ሐሙስ
Sobota
ቅዳሜ
Nedelja
እሁድ

Včeraj

ላን

Danes

ሬ

Jutri

ነገ

Jutro

ማለዳ

Poldne

ቀ ር

Večer

ምሽ

Delovni dnevi

የስራ ቀና

Konec tedna

የዕረፍ ቀና

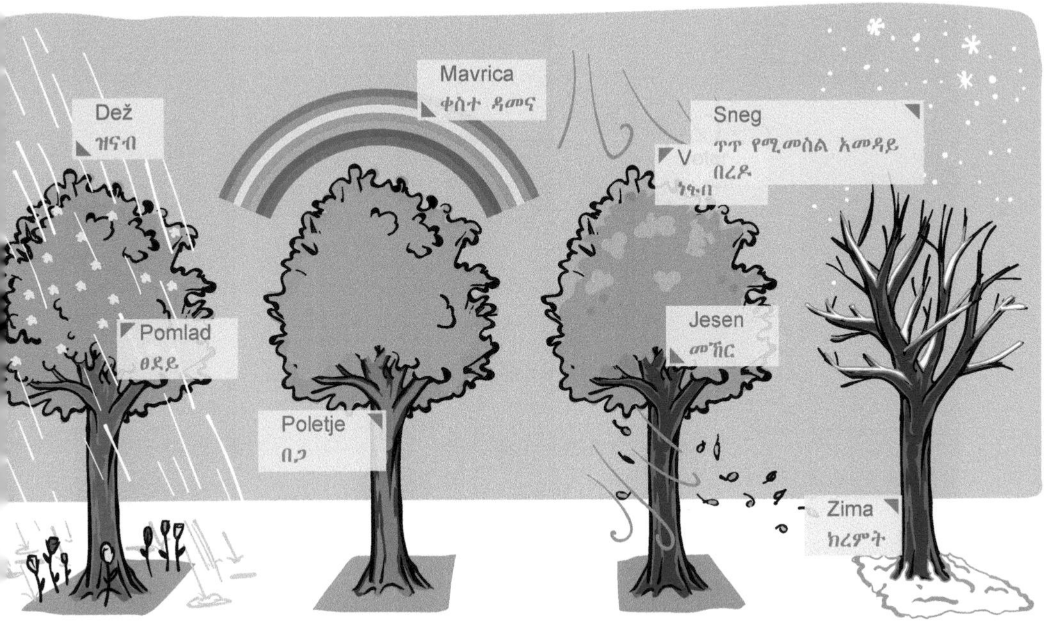

Dež
ዝናብ
Mavrica
ቀስተ ዳመና
Sneg
ጥጥ የሚመስል አመዳይ
በረዶ
V
ነፋብ
Pomlad
ፀደይ
Jesen
መኸር
Poletje
በጋ
Zima
ክረምት

4.APRIL 11°
5.APRIL 4°
6.APRIL 13°
7.APRIL 8°
8.APRIL 10°

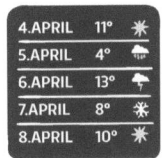

Vremenska napoved

የአየር ሁኔታ ትንበያ

F C
120 40
90 30
60 20
30 10
0 0
-30 -10
-20

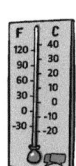

Termometer

የሙቀት መለኪያ

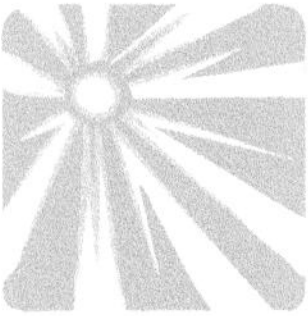

Sončna svetloba

የፀ ይ ሙቀት

Oblak

ደመና

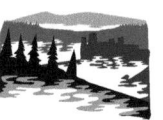

Megla

ጭጋግ

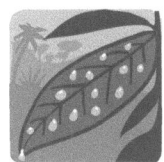

Vlažnost

እርጥበታማነት

Strela

መብረቅ

Grom

ነጎድጓድ

Nevihta

አዉሎ ንፋስ

Toča

የበረዶ ዝናብ

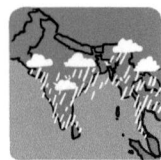

Monsun

አዉሎ ንፋስ

Poplava

ጎርፍ

Led

በረዶ

Januar

ጥር

Februar

የካቲት

Marec

መጋቢት

April

ሚያዚያ

Maj

ግንቦት

Junij

ሰኔ

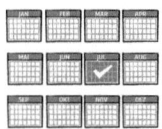

Julij

ሐምሌ

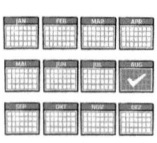

Avgust

ነሀሴ

September

መስከረም

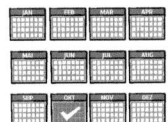

Oktober

ጥቅምት

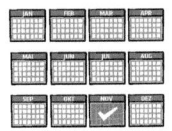

November

ህዳር

December

ታህሳስ

Oblike

ቅርፆች

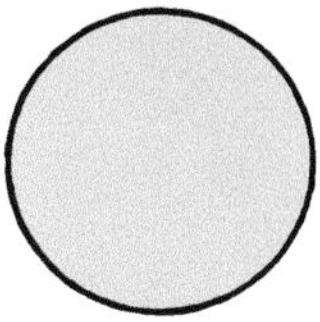

Krogla

ክብ

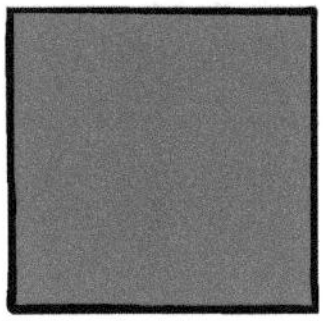

Kvadrat

አራት ማዕዘን

Pravokotnik

አራት ቀጥተኛ ማዕዘኖች ጎኖች ያሉት ቅርፅ

Trikotnik

ሶስት ማዕዘን

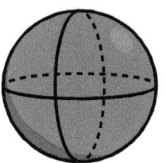

Krogla

ሉል

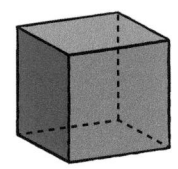

Kocka

ስድስት ጎን ያለዉ ቅርፅ

Barve

ቀለማት

Bela

ነጭ

Rumena

ቢጫ

Oranžna

ብርቱካናማ

Rožnata

ሮዝ

Rdeča

ቀይ

Vijolična

ወይን ጠጅ

Modra

ሰማያዊ

Zelena

አረንጓዴ

Rjava

ቡኒ

Siva

ግራጫ

Črna

ጥቁር

veliko / malo

ብዙ/ ጥቂት

jezno / umirjeno

ንዴት/ እርጋታ

lepo / grdo

ቆንጆ/ አስቀያሚ

začetek / konec

ጅማሬ/ ፍፃሜ

veliko / majhno

ትልቅ/ ትንሽ

svetlo / temno

ደማቅ/ ደብዛዛ

brat / sestra

ወንድም/ እህት

čisto / umazano

ንፁህ/ ቆሻሻ

popolno / nepopolno

የተሟላ/ ያልተሟላ

dan / noč

ቀን/ ምሽት

mrtvo / živo

የሞተ/ ህያዉ

široko / ozko

ሰፊ/ ጠባብ

užitno / neužitno	zlobno / prijazno	vznemirjeno / zdolgočaseno
የሚበላ/ የማይበላ	ክፉ/ ደግ	ደስተኛ/ ድብርተኛ

debelo / vitko	prvo / zadnje	prijatelj / sovražnik
ወፍራም/ ቀጭን	መጀመርያ/ መጨረሻ	ጓደኛ/ ጠላት

polno / prazno	trdo / mehko	težko / lahko
ሙሉ/ ጎዶሎ	ጠንካራ/ ለስላሳ	ከባድ/ ቀላል

lakota / žeja	bolano / zdravo	nezakonito / zakonito
ረሃብ/ ጥማት	ህመም/ ጤንነት	ህገወጥ/ ህጋዊ
	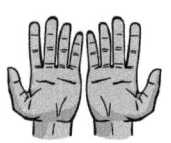	
pametno / neumno	levo / desno	blizu / daleč
ጎበዝ/ ደደብ	ግራ/ ቀኝ	ቅርብ/ ሩቅ

novo / rabljeno

አዲስ/ አሮጌ

nič / nekaj

ምንም/ የሆነ ነገር

staro / mlado

ሽማግሌ/ ወጣት

vklopljeno / izklopljeno

የበራ/ የጠፋ

odprto / zaprto

ክፍት/ ዝግ

tiho / glasno

ፀጥታ/ ጫጫታ

bogato / revno

ሃብታም/ ደሃ

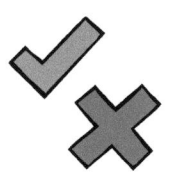

prav / narobe

ትክክለኛ/ የተሳሳተ

grobo / gladko

ሻካራ/ ለስላሳ

žalostno / veselo

ሐዘን/ ደስታ

kratko / dolgo

አጭር/ ረዥም

počasi / hitro

ዝግተኛ/ ፈጣን

mokro / suho

እርጥብ/ ደረቅ

toplo / hladno

ሞቃት/ ቀዝቃዛ

vojna / mir

ጦርነት/ ሰላም

Števila

ቁጥሮች

0 Ničla ዜሮ	**1** Ena አንድ	**2** Dva ሁለት
3 Tri ሶስት	**4** Štiri አራት	**5** Pet አምስት
6 Šest ስድስት	**7** Sedem ሰባት	**8** Osem ስምንት
9 Devet ዘጠኝ	**10** Deset አስር	**11** Enajst አስራ አንድ

12

Dvanajst

አስራ ሁለት

13

Trinajst

አስራ ሶስት

14

Štirinajst

አስራ አራት

15

Petnajst

አስራ አምስት

16

Šestnajst

አስራ ስድስት

17

Sedemnajst

አስራ ሰባት

18

Osemnajst

አስራ ሰስምንት

19

Devetnajst

አስራ ዘጠኝ

20

Dvajset

ሃያ

100

Sto

መቶ

1.000

Tisoč

ሽህ

1.000.000

Milijon

ሚሊዮን

Jeziki
ቋንቋዎች

Angleščina

እንግሊዝኛ

Ameriška angleščina

የአሜሪካ እንግሊዝኛ

Mandarinščina

የቻይና ማንዳሪን

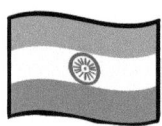

Hindujščina

ሂንዱ

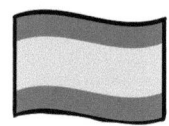

Španščina

ስፓኒሽ

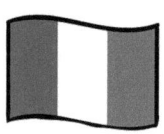

Francoščina

ፍሬንች

Arabščina

አረብኛ

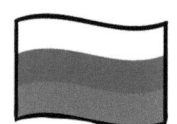

Ruščina

ራሺያኛ

Portugalščina

ፖርቹጊዝ

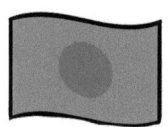

Bengalščina

ቤንጋሊ

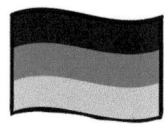

Nemščina

ጀርመን

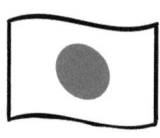

Japonščina

ጃፓንኛ

Kdo / kaj / kako
ማን/ ምን/ እንዴት

Jaz

....

እኔ

Ti

....

አንተ

On / ona / tisto

....

እሱ/ እርሷ/ እቃዉ

Mi

....

እኛ

Vi

....

አንተ

Oni

....

እነርሱ

Kdo?

....

ማን?

Kaj?

....

ምን?

Kako?

....

እንዴት?

Kje?

....

የት?

Kdaj?

....

መቼ?

Ime

....

ስም

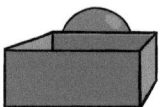

Kje

የት

Zadaj

በስተጀርባ

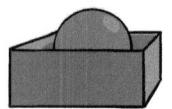

V

ውስጥ

Pred

ከፊት ለፊት

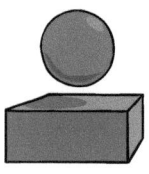

Nad

ከላይ

Na

ላይ

Pod

ከስር

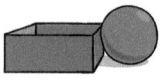

Poleg

አጠገብ

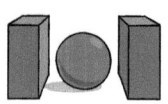

Med

መሃከል

Kraj

ቦታ